MARC THORPE
TOWARDS an ARCHITECTURE
of RESPONSIBILITY

© 2022 Instituto Monsa de ediciones.

First edition in April 2022 by Monsa Publications,
an imprint of Monsa Publications Gravina 43,
(08930) Sant Adrià de Besós. Barcelona (Spain)
T +34 93 381 00 93
www.monsa.com monsa@monsa.com

Editor and Project Director Anna Minguet
©The images belong to the author Marc Thorpe
www.marcthorpedesign.com
Art director & layout Eva Minguet
(Monsa Publications)

Printed in Spain by Cachiman Gràfics
ISBN: 978-84-17557-49-2
D.L. B 6011-2022

Shop online:
www.monsashop.com

MARC THORPE
TOWARDS an ARCHITECTURE of RESPONSIBILITY

Dedicated to my daughters Amelie and Olivia.

My work is a belief in individuality and self-reliance. This architecture is an internalized place defined by the harmony of our existence with nature. In this sense, architecture becomes timeless. The work transcends the physical realm to become part of us, holistic and eternal. It is systemically connected to the environment through ecologically sustainable technology and infrastructure, self-sustaining and independent. This is an architecture of responsibility and respect for our environment and ourselves.

Mi trabajo es una creencia en la individualidad y la autosuficiencia. La arquitectura es un lugar definido por la armonía de nuestra existencia con la naturaleza, y en ese sentido, la arquitectura se vuelve atemporal. La obra trasciende al campo de lo físico para convertirse en parte de nosotros, lo holístico y lo eterno. Está sistémicamente conectada con el medio ambiente a través de tecnología e infraestructura ecológicamente sostenible e independiente. Esta es una arquitectura de responsabilidad y respeto por nuestro entorno y por nosotros mismos.

- Marc Thorpe

We must start taking responsibility for ourselves by respecting ourselves. This comes to us by defining our virtues and living by principle. The stoics of ancient Greece would argue that the world outside is not in our control but only how we choose to see and respond to it. Asking the hard question of ourselves, embracing resistance, defining the right problems to have for ourselves and comparing our actions to the day before in an effort to be better. We have a moral imperative to define meaning in our lives by what we create for the future.

Debemos comenzar a responsabilizarnos de nosotros mismos respetándonos a nosotros mismos. Esto nos llega al definir nuestras virtudes y vivir por principios. Los estoicos de la antigua Grecia argumentarían que el mundo exterior se escapa de nuestro control, sólo elegimos el cómo verlo y responder ante él. Hacernos la pregunta difícil, aceptar la resistencia, definir los problemas correctos que tenemos y comparar nuestras acciones con las del día anterior en un esfuerzo por mejorar. Tenemos la obligación moral de definir el significado de nuestras vidas por lo que creamos para el futuro.

Each project begins with uncertainty, the goal is to embrace this uncertainty and learn from it. The challenge is not to answer the questions the project presents but to redefine the problems in an enlightened and purposeful way. This is an act of humiliation that focuses the design on a path toward honesty with itself and its environment. The works presented are not answers but only better questions.

En cada proyecto hay cierta incertidumbre, el objetivo es aceptar esa incertidumbre y aprender de ella. El reto no es responder a las preguntas que plantea el proyecto, sino redefinir los problemas de una manera correcta y decidida. Este es un acto de humildad que coloca al diseño en un camino hacia la honestidad consigo mismo y con su entorno. Los trabajos presentados no son respuestas sino mejores preguntas.

Nietzsche stated, "Those who have a why can bear any how." Why does a neighborhood need to be built more sustainably? Why activate a community with space? Why does energy need to come from fossil fuels? These are questions we ask ourselves when engaged in the process of design but more importantly understanding that the why must come from our character. In order to discover this truth we must challenge ourselves and learn from experimentation. No such thing as failure, only discovery and betterment as long as we stay open to learning. Let us have the courage to ask the hard questions, to embrace risk and be the process for ourselves and our children's future.

Nietzsche dijo: "Aquellos que tienen un por qué para vivir, pese a la adversidad, resistirán". ¿Por qué es necesario construir un barrio de forma más sostenible? ¿Por qué activar una comunidad espaciosa? ¿Por qué la energía debe tener su origen en combustibles fósiles? Estas son preguntas que nos hacemos al embarcarnos en el proceso de diseño, pero lo más importante es comprender que el por qué viene dado de nuestro carácter. Para descubrir esta verdad, debemos desafiarnos a nosotros mismos y aprender de la experimentación. No hay nada como el fracaso, solo el descubrimiento y la mejora, siempre y cuando permanezcamos abiertos al aprendizaje. Tengamos el coraje de hacer preguntas difíciles, aceptar el riesgo, y ser el proceso para nosotros y para el futuro de nuestros hijos.

"Thinking is more interesting than knowing." – *Goethe*

"Pensar es más interesante que saber". – *Goethe*

The works presented in this book reflect an optimistic vision of the future. The buildings present themselves in a humble and respectful manor through their systemic integration of environment. Honest in their use of material and construction, each project deploys sustainable strategies such as locally sourced woods, earth brick construction, water harvesting, passive design, native landscaping and renewable energy production. Unique in narrative, context, history and location they all share one common theme, self-awareness.

Los trabajos presentados en este libro reflejan una visión optimista del futuro. Las construcciones se presentan en áreas humildes y respetuosos a través de su integración sistémica con el medio ambiente. Honesto en el uso de materiales, cada proyecto implementa estrategias sostenibles, como maderas de origen local, bloques de tierra comprimida, sistemas de captación de agua, diseño pasivo, paisajismo nativo y producción de energía renovable. Únicos en narrativa, contexto, historia y ubicación, todos comparten un tema común, la autoconciencia.

BROAD TOP House

Location: Appalachian Mountains of Pennsylvania, USA
Surface area: 3000 sqft
Visuals by Truetopia

Located on 32 acres in the Appalachian Mountains of Pennsylvania, the Broad Top house is built upon the existing foundation of American sculptor's studio, Kenneth Campbell. In 2001, the property was purchased by his apprentice to continue the use of the studio while transforming the upper levels of the building into a new home and gallery.

Ubicada en una superficie de 13 hectáreas en los Apalaches de Pensilvania, la Broad Top House se ha construido sobre los cimientos del estudio del escultor estadounidense Kenneth Campbell. En 2001, la propiedad fue adquirida por su aprendiz para seguir dándole uso al estudio, pero transformando las plantas superiores en una nueva vivienda y una nueva galería.

Marc Thorpe Design was asked to design the new home and gallery with a focus on capturing the views of the surrounding landscape while maintaining privacy from the adjacent road. The solution was to divide the house between introverted and extroverted zones through you use of materiality and space. The main façades of the house facing the road would remain austere utilizing reclaimed wood cladding while the more private faces of the home would open up with floor to ceiling glazing to offer views of the surrounding landscape.

Marc Thorpe Design recibió el encargo de diseñar la nueva vivienda y la nueva galería con un propósito claro: captar las vistas de los alrededores manteniendo la privacidad respecto a la carretera de al lado. La solución por la que se optó consistió en dividir la casa entre zonas introvertidas y extrovertidas mediante el uso de la materialidad y el espacio. Las principales fachadas de la casa que dan a la carretera mantendrían un diseño austero, revestidas en madera reciclada, mientras que las partes más privadas tendrían ventanales de suelo a techo para poder disfrutar de las mejores vistas a los alrededores.

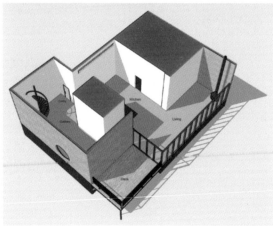

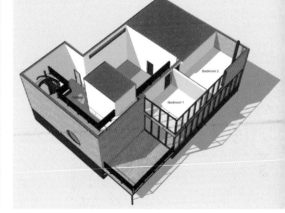

Plan 1

Plan 2

The interior program of the house is organized around a central core. The core functions as the hearth as well as the main utility component transitioning between the ground level and the upper level of house.

El interior de la casa se distribuye en torno a un núcleo central, que funciona como el corazón de la misma y como su componente principal, comunicando la planta de abajo con las de arriba.

On the ground level are the communal spaces such as living, dining, kitchen, art gallery and terrace overlooking the surrounding field and pond. The ground and upper levels are connected via a concrete spiral stair in the gallery that transition to a mezzanine. The mezzanine provides access to the two private bedrooms and second gallery space while opening an atrium space to the central living a nd kitchen on the ground level.

En la planta de abajo se encuentran las zonas comunes como el comedor, el salón, la cocina, la galería de arte y la terraza, que dan al campo y al estanque. La planta baja y las de arriba están conectadas por una escalera de caracol hecha de hormigón que da paso a un altillo desde el cual se accede a los dos dormitorios y a una segunda galería, y posteriormente, a un atrio que da al comedor principal y a la cocina de la planta de abajo.

26

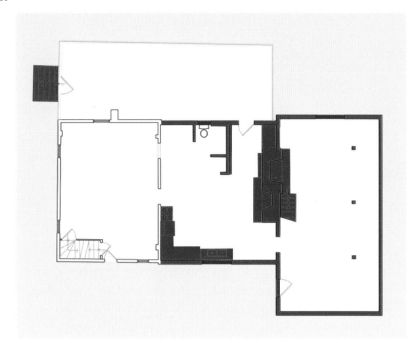

Demo plan

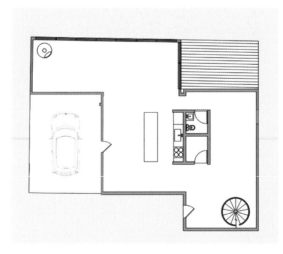

Ground level

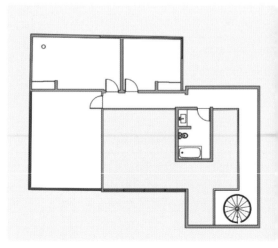

Second level

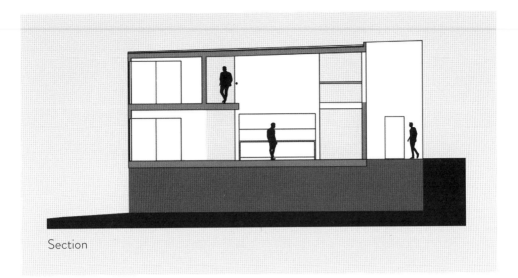

Section

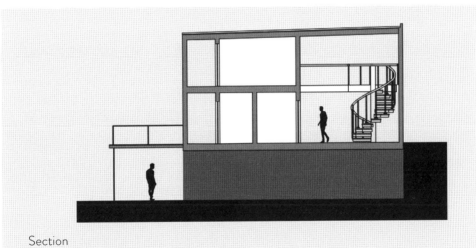

Section

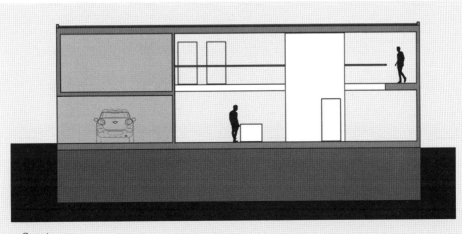

Section

Thorpe states, "the Broad Top house is a vision of Architecture as living art. The synthesis of artist studio, art gallery and the traditional program of a home produce an inspired spirit of place while speaking with a local vernacular. Built upon the foundations of History, Art and Design are the walls of the Broad Top house."

Thorpe explica que "la Broad Top House es una visión de la arquitectura como arte viviente. La fusión entre estudio artístico, galería de arte y la distribución tradicional de cualquier vivienda produce una sensación de hogar, manteniendo al mismo tiempo el estilo arquitectónico de la zona. Las paredes de la Broad Top House se cimientan sobre la historia, el arte y el diseño".

CASE STUDY House

Location: Los Angeles CA, USA
Surface area: 5000 sqft
Visuals by Truetopia

Perched on the Hollywood hills overlooking Los Angeles is a 5000 sqft private residence designed to bring the surrounding landscape and views inside. As a tribute to the Case Study houses of the 50's and 60's, the house takes its place within the ethos of traditional Modernist architecture.

Situada en las colinas de Hollywood, con vistas a Los Ángeles, se encuentra esta residencia privada de 460 metros cuadrados diseñada para trasladar las vistas y el paisaje de los alrededores hacia el interior de la vivienda, que en un homenaje a las casas Case Study de los años 50 y 60, se enmarca en la ética de la arquitectura modernista tradicional.

The house is constructed of concrete, steel, wood and glass. The connections, details and lighting are all designed to be concealed through the use of recess and soffit. The house is comprised of 3 main programmatic volumes, Living, Sleeping and Gallery. Hosting the programmed volumes is the circulation or passageways unifying the spaces. The passages transition from exterior patio to interior hallway seamlessly, blurring the boundaries of the house.

La casa está hecha de hormigón, acero, madera y vidrio. Las conexiones, los detalles y la iluminación están diseñados para permanecer ocultos a través del uso de los recovecos y los plafones. La casa se compone de tres volúmenes: salón, dormitorios y galería, unificados a través de los pasillos. La transición del patio exterior a las dependencias interiores es fluida, difuminando con ello los límites de la vivienda.

Punctuating the program and circulation are the interior gardens, offering yet another opportunity to bring the landscape into the house. The architecture is an act of physical and perceptual invisibility. Perceptually through its translucency and minimal use of materials and physically through its use of off-grid sustainable systems, such as solar, water harvesting and composting. The house works in perfect balance with its environment.

Complementando la distribución y la circulación del espacio se encuentran los jardines interiores, que ofrecen otra oportunidad de introducir el paisaje dentro de la casa. La arquitectura es un acto de invisibilidad física (por el empleo de sistemas sostenibles alternativos como la energía solar, la recogida de agua y el compostaje) y perceptual (por su translucidez y el mínimo uso que hace de los materiales). La casa se encuentra en perfecto equilibrio con su entorno.

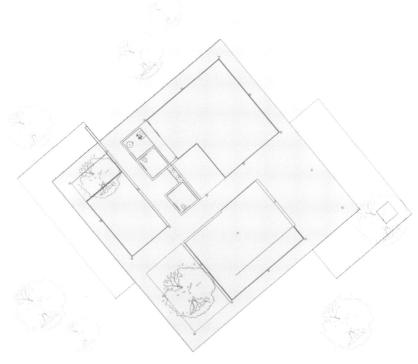

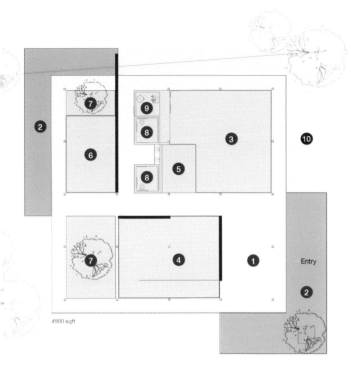

Program
Gardens
Interior Program
Terrace
Deck / Circulation

1. Entry
2. Terrace
3. Kitchen / Dinning / Entertainment
4. Gallery
5. Courtyard
6. Bedroom
7. Garden
8. Bathrooms
9. Service / Utility / Storage
10. Pool

4900 sqft

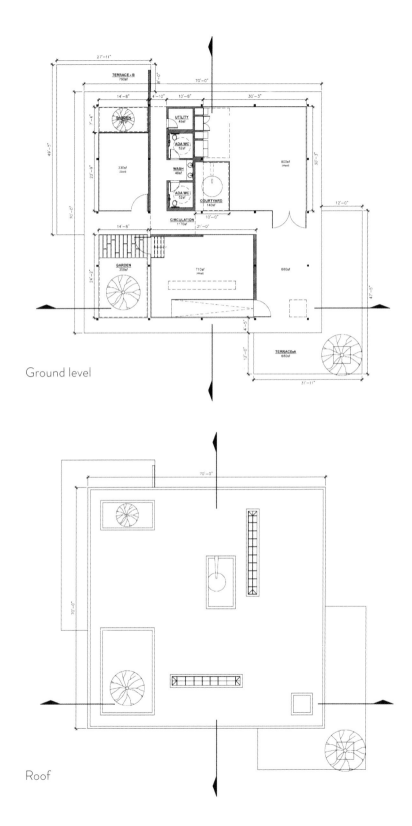

Ground level

Roof

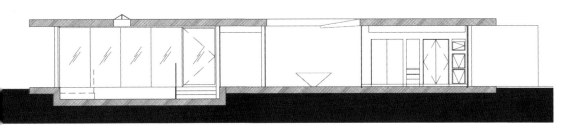

Section

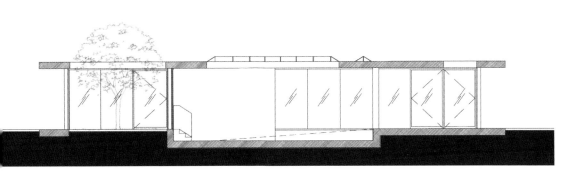

Section

CANTON House

Location: Bucharest, Romania
Surface area: 1000 sqft
Visuals by DRVR Studio

Located north of Bucharest in the Carpathian Mountains is The Canton House, a boutique mountain retreat for the southeastern region of Romania. Marc Thorpe Design was commissioned to design an off-grid cabin experience for the hotel's offering. The cabin design is influenced by the Romanian vernacular of fully shingled wooden construction found predominantly in the rural towers and spires of religious architecture.

Ubicada al norte de Bucarest en los Cárpatos se encuentra la Canton House, un refugio de montaña boutique en el sudeste de Rumanía. Marc Thorpe Design recibió el encargo de diseñar unas cabañas alternativas que complementaran la oferta del hotel. Su diseño está influido por la arquitectura típica rumana, y más concretamente, la de las torres y capiteles de los edificios religiosos de las zonas rurales, con sus características tablillas de madera.

The Canton House cabins are a sustainable alternative to a traditional weekend retreat. They offer a perspective on living in harmony with nature and a humble vision of the future, suggesting less is responsible.

Las cabañas Canton House constituyen una alternativa sostenible a los habituales alojamientos de fin de semana, permitiendo convivir en armonía con la naturaleza y aportando una visión humilde del futuro que deja entrever que la responsabilidad pasa por la reducción.

The cabins are grounded into the terrain with their low horizontal profile to then pronounce themselves with a sharp vertical triangulated roofline. The interiors are clad in finished plywood and offer the standard programmatic elements such as living, dining, kitchen, bath and bedroom and a protected deck. In an effort to maintain the integrity of the roofline, the solar array which powers the cabins is located in an adjacent field next to the main hotel called Tara Luanei. Each unit is powered by a 1800 W Solar Generator + 4 x 100W 12V Mono Solar Panels.

Las cabañas se incrustan en el suelo con su bajo perfil horizontal, pero destacando verticalmente con un pronunciado tejado de forma triangular. Los interiores, revestidos de madera contrachapada, ofrecen los elementos habituales (comedor, salón, cocina, baño y dormitorio, además de una cubierta protegida). En un esfuerzo por mantener la integridad del tejado, los paneles solares que alimentan de energía a las cabañas se encuentran ubicados en un terreno contiguo cercano al hotel principal, el Tara Luanei. Cada unidad cuenta con un generador solar de 1800 W y con cuatro monopaneles de 100 W y 12 V.

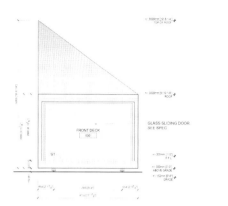

01: Exterior elevation_2 Bedroom, Unit 2_Front

04:Exterior elevation_2 Bedroom, Unit 2_Rear

02: Exterior elevation_2 Bedroom, Unit 2_Side

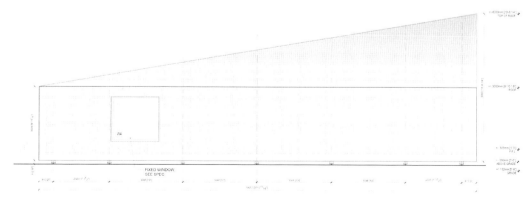

03:Exterior elevation_2 Bedroom, Unit 2_Side

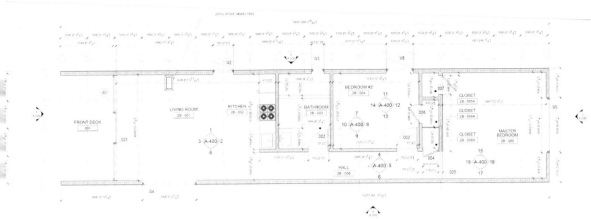

1: Cabin Construction Plan_2 Bedroom, Unit 2

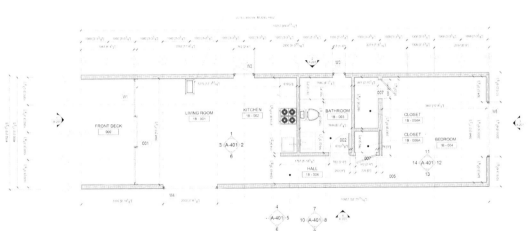

2: Cabin Construction Plan_1 Bedroom, Unit 1

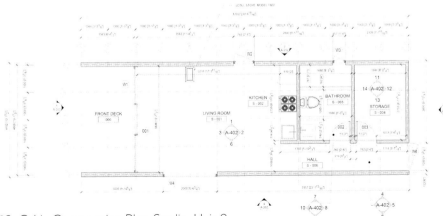

03: Cabin Construction Plan_Studio, Unit 0

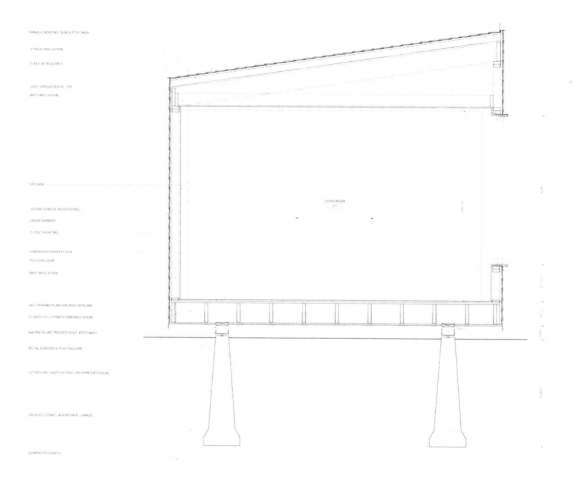

SHINGLE ROOFING-BLACK PTD FINISH

3" RIGID INSULATION

FLASH AS REQUIRED

JOIST HANGER BAHIS, TYP
BATT INSULATION

5/8" GWB

CEDAR SHINGLE WOOD SIDING

VAPOR BARRIER

(1) OSB SHEATING

HARDWOOD FINISH FLOOR
PLY SUBFLOOR

BATT INSULATION

SEE FRAMING PLAN FOR JOIST SPACING

CLOSED CELL SPRAY FORM INSULATION

6x6 PRESSURE TREATED POST, PTD FINISH

METAL CONCRETE POST ANCHOR

EZ-PIER PRE-CAST FOOTING, OR APPROVED EQUAL

CRUSHED STONE / AGGREGATE - GRAVEL

COMPACTED EARTH

LIVING ROOM

01: Building Section

SHARP House

Location: New Mexico, USA
Surface area: 1500 sqft
Visuals by Truetopia

The Sharp House is designed as a minimalist desert retreat for a retired couple from NYC. Located just north of Santa Fe New Mexico on five acres of land. The house was designed with the intention to be as economical as possible.

La Sharp House está diseñada como un lugar de descanso minimalista en el desierto para la típica pareja jubilada de Nueva York. Ubicada al norte de Santa Fe, Nuevo México, en un terreno de dos hectáreas, la casa ha sido diseñada con la intención de ser lo más económica posible.

60

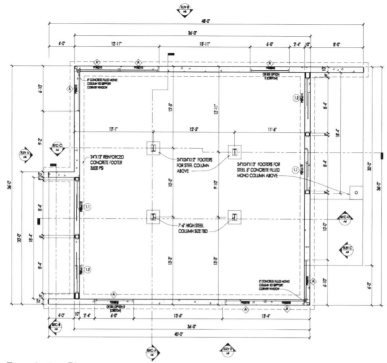

Foundation Plan

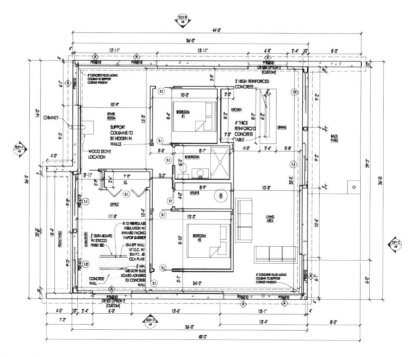

Ground level

The construction of the house is exposed cast in place, reinforced concrete with large glass exposures to the north and south to allow for solar gain and cross ventilation. The interior spaces accommodate 2 bedrooms, dining, kitchen, living areas and bath with a square footage of 1500.

The design intention was to maintain honesty with the materials and that all geometries of the architecture reflect the program of the house. The neo-brutalist approach to space is reflected as a by-product in the buildings appearance.

The house is a declaration against the gloss of mainstream architectural practice which tend to focus on the exterior "decorative" façades and arbitrary forms. The Sharp house stands in contradiction to this. In addition, the house reflects a sound approach to its ecological impact and carbon footprint. The large expanses of thermal mass allow the building to regulate interior temperature while naturally ventilating itself. It's a back to basics approach with less becoming more.

La vivienda está construida con material de fundición expuesto, hormigón armado y grandes ventanales que dan al norte y al sur para maximizar la luz y generar ventilación cruzada. Los espacios interiores constan de dos dormitorios, comedor, cocina, salón y baño, con una superficie de 140 metros cuadrados.

La intención del diseño era mantener la sinceridad con los materiales y que todas las geometrías de la arquitectura reflejaran la distribución de la casa. El enfoque neobrutalista del espacio se refleja en la apariencia de los edificios.

La Sharp House es una declaración contra la práctica arquitectónica tradicional, que tiende a centrarse en las fachadas "decorativas" exteriores y en formas arbitrarias. Además, la casa ofrece un enfoque sensato de su impacto medioambiental y su huella de carbono. Las grandes cantidades de masa térmica permiten que el edificio regule la temperatura interior ventilándose naturalmente. Se trata de un enfoque de vuelta a lo básico en el que menos es más.

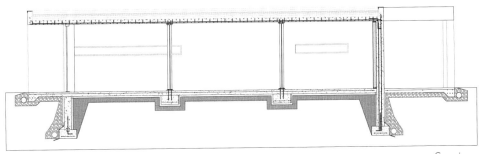

Section

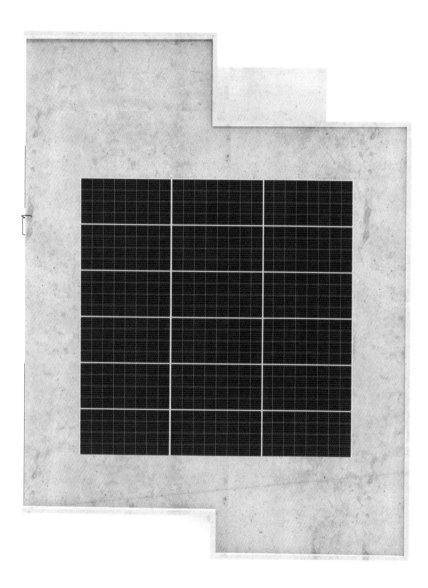

Solar Roof

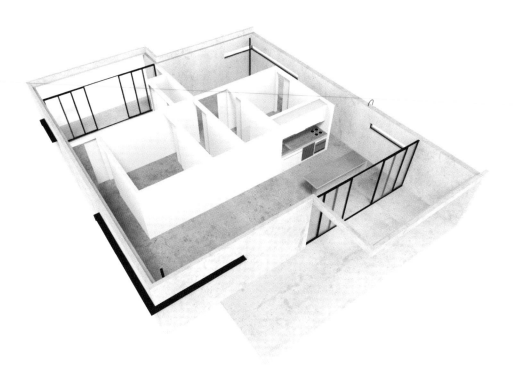

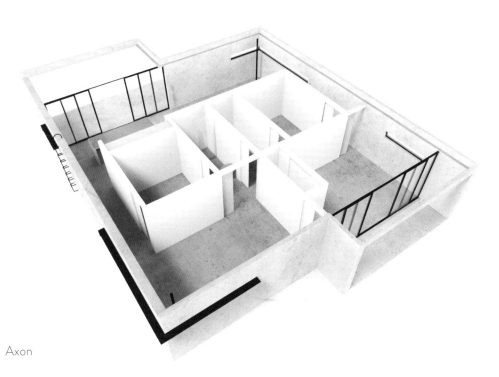

Axon

KAMPALA House

Location: Kampala, Uganda
Surface area: 700 sqft
Visuals by Truetopia

Marc Thorpe Design partners with Stage Six and Échale International to develop sustainable, ecologically responsible housing in Uganda, East Africa. According to the Uganda Bureau of Statistics, Uganda has a deficit of 2.1 million housing units, growing at a rate of 200,000 units a year. By 2030, the deficit is expected to reach three million units.

The goal is to provide housing to middle to lower income families. Currently, there is extremely low supply of housing and it is usually of poor quality. Stage Six, Échale International and Marc Thorpe Design aim to relieve this pressure on the housing market and the people of Uganda.

Marc Thorpe Design se ha unido a Stage Six y Échale International para desarrollar una serie de viviendas sostenibles y responsables desde el punto de vista medioambiental en Uganda, en el este de África. Según el Instituto Nacional de Estadística del país, Uganda tiene un déficit de 2,1 millones de viviendas que además crece al ritmo de 200 000 al año, por lo que en 2030 se espera que alcance los 3 millones.

Las casas están pensadas para familias de clase media-baja. Ahora mismo, la oferta de viviendas es muy escasa, y habitualmente, son de mala calidad. Stage Six, Échale International y Marc Thorpe Design buscan aliviar esa presión en el mercado inmobiliario y sobre los ciudadanos ugandeses.

The house is the first in a series of houses of various size to be built with partnerships in Africa. The house is comprised of three bedrooms, two baths, living, dining and kitchen. Connected to the kitchen is an exterior wood burning stove for outdoor cooking, commonly found in Uganda.

A terrace wraps the front and side of the house allowing spaces to gather in shade for outdoor activity

Over the house is a large corrugated steel and wood roof designed to support solar panel array, harvest rainwater and store in an adjacent water tower.

The concept of a water tower for each home is to provide a community network of water supply be able to access and share in the event of a drought.

La casa es la primera de una serie de viviendas de distintos tamaños que se construirán en África en colaboración con otras empresas. Consta de tres dormitorios, dos baños, salón, comedor y cocina, conectada a la cual se encuentra un fogón exterior de madera típico de Uganda.

La vivienda se encuentra rodeada en su parte frontal y lateral por una terraza, ofreciendo un espacio a la sombra para actividades en el exterior.

La casa cuenta con un techo de madera y acero corrugado diseñado para albergar paneles solares, recoger el agua de la lluvia y almacenarla en una torre contigua. Este último concepto busca crear una red acuática comunitaria a la que se pueda acceder y que se pueda compartir en caso de sequía.

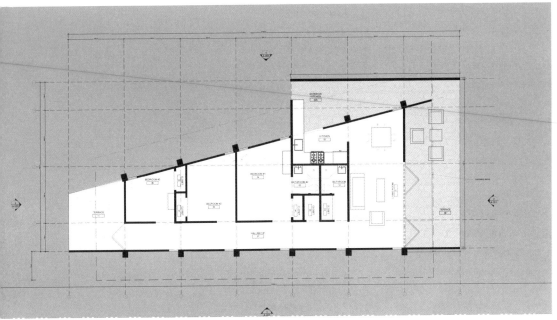

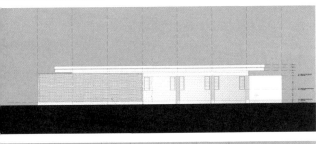

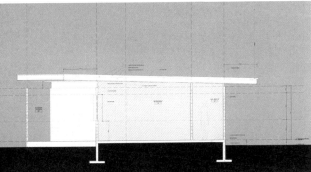

The goal of the house is to create a environmentally responsible home that responds to its surrounding context and environment while providing a socio-economic opportunity to home ownership and community stewardship.

We believe in an architecture of responsibility.

El objetivo de la casa es crear un hogar responsable desde el punto de vista medioambiental que sea acorde a su contexto y entorno, y que ofrezca oportunidades socioeconómicas a aquellos que deseen tener una vivienda en propiedad y que aboguen por la administración comunitaria.

Creemos en una arquitectura responsable.

The house is constructed using Echale International's EcoBlock, compressed earth brick. The EcoBlock is produced of 90% local soil and 10% a mixture of cement, lime, sand and water. It is a thermal and acoustic insulator, ecologically sustainable, more resistant than cement block and 30% less CO_2 production.

La casa está hecha de EcoBlock, el ladrillo de tierra comprimida de Échale International. EcoBlock se produce en un 90% a partir de suelo local, y en un 10%, de una mezcla de cemento, cal, arena y agua. Se trata de un aislante término y acústico, sostenible desde el punto de vista medioambiental, más resistente que los bloques de cemento, y con un 30% menos de emisiones de CO_2.

EDIFICE Cabin

Location: Fremont, New York, USA
Surface area: 500 sqft
Photo by Marco Petrini

The edifice, is a modest 500 square foot cedar cabin, nestled in the woods of the western Catskills mountains. The edifice is an exercise in reduction, to live with only what is necessary and self-reliance. Inspired by the writings of the transcendentalist Emerson and Thoreau, the cabin stands as an example of introverted architecture or neo-transcendentalism.

Edifice es una modesta cabaña de 46 metros cuadrados construida con madera de cedro, típica de las montañas de Catskill occidentales. Se trata de un claro ejercicio de reducción y autosuficiencia que permite vivir únicamente con lo indispensable. Inspirada en los textos de los trascendentalistas Emerson y Thoreau, la cabaña constituye un ejemplo de arquitectura introvertida o neotrascendentalismo.

Transcendentalism as defined as, a belief in the inherent goodness of people and nature. The belief that society and its institutions have corrupted the purity of the individual and that people are at their best when truly self-sustaining and independent. In the architecture of the edifice, this is exhibited through its physical isolation, essentialist programming and self-sustaining infrastructure. The building sits quietly among the trees, in perfect balance with its environment.

Upon approach, the building offers no clear entry, as it remains undefined until physically engaged. As in art, one must move around the work to understand it in relation to its context, revealing more of itself over time As articulated by Richard Serra, "i think you always have to find where the boundary is in relation to the context in order to be able to articulate how you want the space to interact with the viewer." The presents of the structure highlights the surrounding environment itself.

El transcendentalismo se define como la creencia en la bondad intrínseca de la naturaleza y el ser humano, lo que significa que las personas solo pueden dar lo mejor de sí mismas cuando son independientes y autosuficientes, dado que la sociedad y sus instituciones corrompen su pureza. Pues bien, en la arquitectura de Edifice, esta filosofía se manifiesta en su aislamiento físico (no en vano, se encuentra situada en una tranquila ubicación en perfecto equilibrio con su entorno), su distribución esencialista y su infraestructura autosostenible.

La entrada no se aprecia claramente hasta que uno no se acerca de lleno. Y es que al igual que en el arte, hay que observar la obra desde todos los ángulos para entender la relación con su contexto y que, con el tiempo, vaya revelando más cosas de sí misma. Como señala Richard Serra, "creo que siempre hay que buscar los límites del contexto para decidir cómo queremos que interactúe el espacio con aquellos que lo ven". Pues bien, la estructura de la vivienda ayuda a poner de manifiesto el entorno.

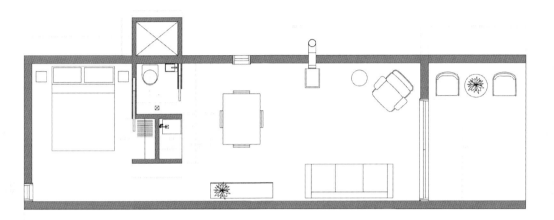

Plan

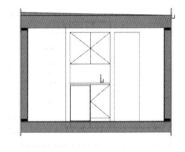

Section

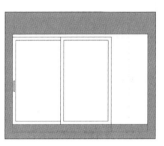

North Elevation

The building acts as an inflection point within the context of space to heighten our awareness of the environment. The east facing façade, austere, with no fenestration acts as a screen for the sun and trees to project a play of light and shadow. This interaction produces a type of camouflage for the structure, blurring the delineation of its edges and mass with the passing of ephemeral light.

Psychologically, the interplay of light and shadow establishes a sense of place through memory. The building can only exist in this specific environment through the interaction of the trees, sunlight and our eyes.

Edifice sirve como punto de inflexión dentro del contexto del espacio para aumentar nuestra concienciación sobre el entorno. La fachada este, austera y sin ventanas, actúa como pantalla frente al sol y los árboles para proyectar un juego de luces y sombras, una interacción que produce una especie de camuflaje que a su vez difumina el contorno de sus bordes y su estructura con el paso de una efímera luz.

Psicológicamente, dicho juego evoca un sentimiento de vivienda a través de la memoria. El edificio solo puede existir en este entorno concreto mediante la interacción entre los árboles, la luz solar y nuestros ojos.

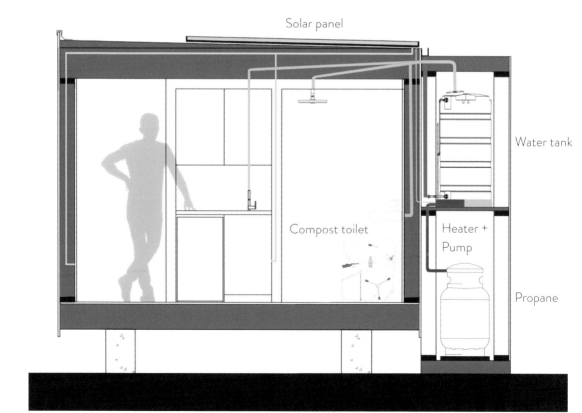

Solar panel

Water tank

Compost toilet

Heater + Pump

Propane

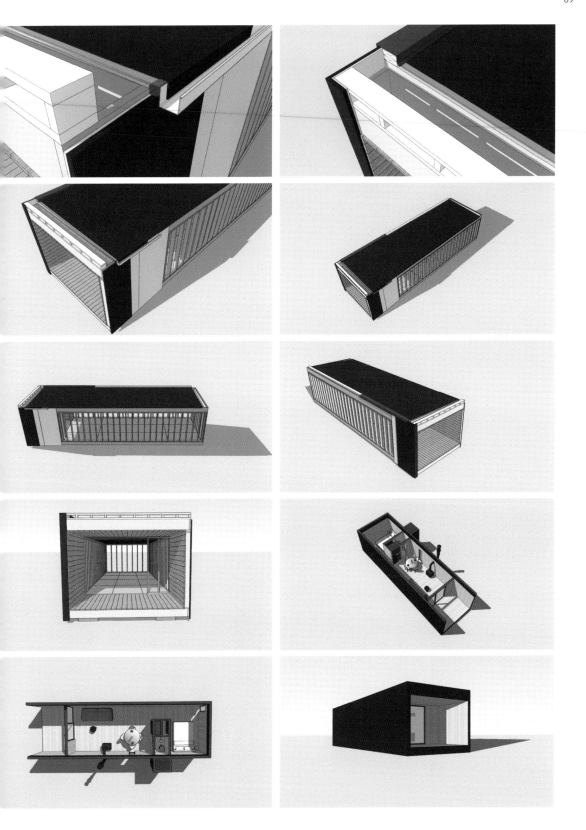

As one moves around the building, a single strip window on the south and west façade slowly reveal the spaces within, allowing the individual a brief moment to view the interior program. The north face of the building folds inwards opening itself up as the point of entry through its void but also as an internalized deck, making a subtle historical reference to the traditional farmhouse porch. Once inside, the program of the building is divided into four zones, live, cook, dine and sleep. Defined as a "lifecycle" program, it is the minimum essence of human habitation and sustainability. At the heart of the space, separating the sleeping from the living zone is the service core. Within the core are the required systems to sustain habitation. All systems pertaining to the habitation of the cabin are "introverted" or traditionally defined as, "off-grid." These systems include solar power, water harvesting and composting toilet. Heating is provided by a wood burning stove and cooling is accomplished through cross ventilation. Lighting for the space is provided by candle.

A medida que uno va moviéndose por la cabaña, una ventana de banda única en las fachadas sur y oeste revela lentamente los espacios interiores, permitiendo conocer, aunque solo sea por un momento, la distribución interior. La fachada norte se pliega hacia dentro; dicho pliegue sirve como punto de acceso a través del vacío, pero también como cubierta interna, haciendo una sutil referencia histórica al tradicional porche de las granjas. Una vez dentro, la cabaña se divide en cuatro zonas: salón, comedor, cocina y dormitorio. Basada en el ciclo de la vida, dicha distribución constituye la esencia mínima de la sostenibilidad y el hábitat humano. En el corazón del espacio, separando el dormitorio del salón, se encuentra el cuadro de suministros, formado por los sistemas necesarios para habitar la cabaña, que son todos "introvertidos" o definidos tradicionalmente como "alternativos". Dichos sistemas incluyen energía solar, recogida de agua y saneamiento a base de compostaje. La calefacción funciona con un hornillo de madera, mientras que la refrigeración se consigue mediante ventilación cruzada, y la iluminación, con velas.

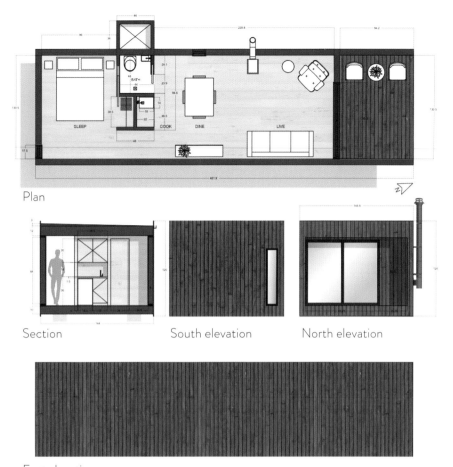

Plan

Section

South elevation

North elevation

East elevation

The edifice is a belief in individuality and self-reliance. I wanted to find a sense of internal peace within myself through the act of architecture. What was found through the creation of the physical work within the woods was actually the spiritual and emotion construction of a place within the soul. An internalized place defined by harmony within the nature of our existence. In this sense of space creation, the work becomes timeless and without any physical boarder. The work transcends the physical realm to become part of us, holistic and eternal. This architecture is systemically connected to the environment through sustainable technology and infrastructure. Self-sustaining with zero ecological footprint. The edifice is an architecture of responsibility and respect for our environment and ourselves.

Edifice es la creencia en el individualismo y la autosuficiencia. Mi intención era encontrar mi propia paz interior a través de la arquitectura, y lo que encontré con la creación de la obra física que se esconde detrás de la madera fue la construcción emotiva y espiritual de un hogar desde el alma definido por la armonía con la naturaleza de nuestra existencia, una creación de espacio que convierte a la obra en atemporal y la despoja de toda frontera tangible, trascendiendo lo físico y convirtiéndose en una parte holística y eterna de nosotros mismos. Este diseño se encuentra sistemáticamente conectado con su entorno gracias a su tecnología e infraestructura sostenibles, que lo hacen autosuficiente y eliminan cualquier atisbo de huella medioambiental. Edifice es un ejercicio arquitectónico de responsabilidad y respeto hacia nuestro entorno y hacia nosotros mismos.

GREEN GOOD DESIGN AWARD

The European Centre for Architecture Art Design and Urban Studies and the Chicago Athenaeum: Museum of Architecture and Design awarded Marc Thorpe Design the 2021 Green Good Design® Award for the Edifice. Architecture, landscape architecture, urban planning projects, product, packaging, and graphic designs from 28 nations were awarded with Green Good Design 2021, representing the world's most important manufacturers and design firms and leading fortune 500 corporations that are forwarding a new emphasis on a more sustainable design and environment worldwide.

This is the 13th year our institutions have developed this very specialized edition of the original Good Design program, which was founded in Chicago in 1950 by Eero Saarinen and Charles and Ray Eames. Green Good Design identifies and emphasizes the world's most important examples of sustainable design and to develop a public awareness program to the general public about which global companies are doing the best job ecological and sustainable design for our world environments. The original Good Design® founded in Chicago in 1950 program remains the oldest and most important awards program worldwide.

El Centro Europeo de Arquitectura, Arte, Diseño y Estudio Urbanos, conjuntamente con el Museo de Arquitectura y Diseño Chicago Athenaeum, han concedido a Marc Thorp Design el premio Green Good Design® 2021 por Edifice. Diversos proyectos de arquitectura, arquitectura paisajístic y planificación urbanística, además de diferentes productos empaquetados y diseños gráficos de 28 países distintos, fueron galardonados con el Green Good Design 2021, que representa a los fabricantes y a las firmas de diseño más importantes del mundo, así como a las empresas de la lista Fortune 500 que hacen hincapié en un diseño más sostenible y respetuoso con el medio ambiente.

Por decimotercer año, nuestras instituciones han llevado a cabo esta edición especializada del programa original Good Design, que crearon Eero Saarinen y Charles y Ray Eames en Chicago en 1950. Green Good Design identifica y pone de relieve los ejemplos de diseño sostenible más notables del mundo, además de contar con un programa de concienciación para el gran público que permite conocer cuáles son las empresas internacionales que están teniendo un impacto más beneficioso para el medio ambiente a la hor de crear diseños ecológicos y sostenibles. Los galardones originales Good Design®, creados en Chicago en 1950, continúan siendo los más antiguos y prestigiosos del mundo.

AMERICAN ARCHITECTURE AWARD

Marc Thorpe Design wins the American Architecture Award for the Edifice. The Chicago Athenaeum: Museum of Architecture and Design and The European Centre for Architecture Art Design and Urban Studies, now celebrating the 27th year, The American Architectural Awards® are the nation's highest and most prestigious distinguished building awards program that honor new and cutting-edge design in the United States.

This annual program, organized by both our institutions, also promotes American architecture and design to the public audience in the U.S. and abroad. This year, the Museum received a record number of projects for new buildings, landscape architecture, and urban planning from the most important firms practicing in the U.S. and globally.

Marc Thorpe Design recibe de manos del Museo de Arquitectura y Diseño Chicago Athenaeum, así como del Centro Europeo de Arquitectura, Arte, Diseño y Estudios Urbanos, el premio American Architecture por Edifice. Los American Architecture Awards®, que celebran su vigesimoséptimo aniversario, son el galardón más prestigioso de Estados Unidos en el terreno arquitectónico, premiando los diseños más innovadores y vanguardistas del país.

Los premios, organizados de forma anual por ambas instituciones, también promueven la arquitectura y el diseño estadounidenses entre el gran público, tanto dentr como fuera del país. Este año, el museo ha recibido una cifra récord de proyectos de nuevos edificios, arquitectur paisajística y planificación urbanística por parte de las empresas más importantes de todo el mundo.

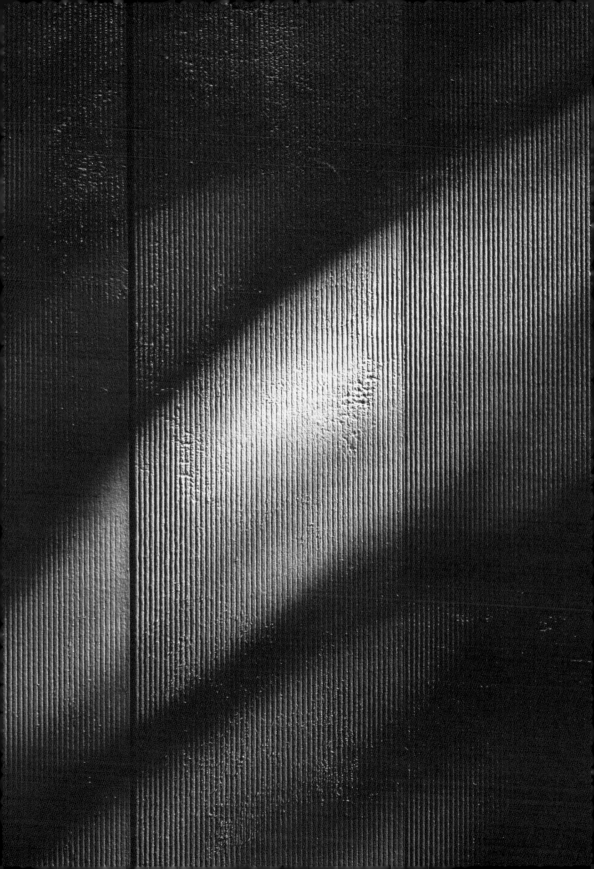

House of FOUR GARDENS

Location: Savannah, Georgia, USA
Surface area: 3500 sqft
Visuals by Truetopia

Conceptualized for the shallow banks of a tributary in the deep south of the United States sits the House of Four Gardens. The house is nestled between the live oaks and perennial ferns indigenous to the region of the Savannah River.

The house is an expression of humanity's moral imperative to define meaning in life. As stated by English philosopher David E. Cooper in his work, A Philosophy of Gardens, the relationship between man and garden is in fact symbolic of the virtues one must strive towards in life. Virtues of character that form the quality of one's life as a whole or as Aristotle described as "dispositions towards appropriate ways of acting."

Ubicada en las orillas poco profundas de un pequeño río, en el sur más recóndito de Estados Unidos, se encuentra la House of Four Gardens, situada entre los robles y helechos perennes típicos de la región del río Savannah.

La casa expresa el imperativo moral del ser humano de definir el sentido de la vida. Como afirma el filósofo inglés David E. Cooper en Una filosofía de los jardines, la relación entre los jardines y el ser humano es un símbolo de las virtudes que uno debe perseguir en la vida; unas virtudes de carácter que determinan la calidad de nuestra vida al completo, o como decía Aristóteles, "nuestra disposición hacia unas formas de comportamiento adecuadas".

These virtues of character are exemplified through the communal interaction one has with nature. Cultivation, Mediation, Community and Sanctuary define four modalities of personal growth and character. In an effort to define one's meaning is to cultivate a sense of awareness, "The Garden is an epiphany of man's relationship to the mystery," and "this relationship is its meaning." The house is organized on a harmonious grid of 12' x 12' concrete double barrel vaults, thirty in total centered on an inner courtyard. A composition of four gardens organize one's relationship to nature through physical accessibility and visual reference. The character of the home is presented in these spaces.

Estas virtudes de carácter se ejemplifican a través de nuestra interacción con la naturaleza. Erudición, mediación, comunidad y santuario son las cuatro modalidades de carácter y crecimiento personal. Y para establecer el sentido de nuestra vida hay que cultivar un sentido de la concienciación; de ahí que "el jardín sea una epifanía de la relación humana con el misterio" y que "esta relación constituya su significado". La casa se organiza en una armoniosa red constituida por 30 bóvedas de cañón de hormigón de 3,6 x 3,6 metros centradas en un patio interno. Una composición de cuatro jardines organiza nuestra relación con la naturaleza a través de la accesibilidad física y la referencia visual. El carácter del hogar se presenta en estos espacios.

The gardens act as a bridge between the surrounding natural environment and the interior spaces, assimilating nature and humanity. They bring life through their light and shadow, creating dynamism and challenging the privacy of the building.

Los jardines actúan como puente entre el entorno natural y los espacios interiores, poniendo en común naturaleza y humanidad, aportando vida a través de sus luces y sombras, creando dinamismo y desafiando la privacidad del edificio.

The interior living spaces host a humble program of living, dining, cooking and sleeping. Each space is defined by the geometry of the corridor in plan. Throughout the entire house one retains direct access to the exterior environment. Introducing nature into the home provides a sensitivity to the place, embracing its spirit.

Los espacios interiores se distribuyen de manera humilde en salón, comedor, cocina y dormitorios. Cada espacio se define por la geometría del pasillo. Toda la casa ofrece acceso directo al exterior. El hecho de introducir la naturaleza dentro del hogar confiere sensibilidad a la vivienda, abrazando el espíritu natural.

"The House of Four Gardens is a seminal work for the studio. The work embodies the cultivated awareness one earns through the trials of life. The house represents one's resilience in the face of adversity and a respect for ourselves in harmony with nature. The house is truth as art, an expression of the human spirit in splendor and imperfection."

"The House of Four Gardens es un trabajo pionero para el estudio. El trabajo encarna la conciencia cultivada que uno gana a través de las pruebas de la vida. La casa representa la resiliencia ante la adversidad y el respeto por nosotros mismos en armonía con la naturaleza. La casa es la verdad como arte, una expresión del espíritu humano en esplendor e imperfección".

- Marc Thorpe

Section

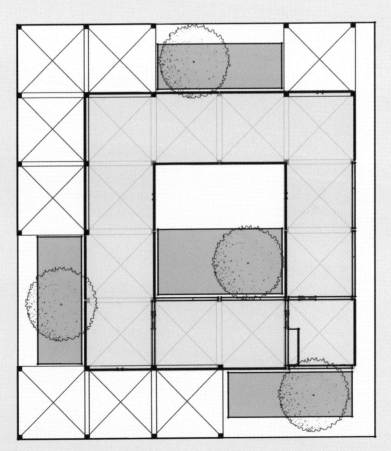

Plan

DAKAR House

Location: Dakara, Senegal
Surface area: 1000 sqft
Visuals by Truetopia
Photography: Alessandro Paderni / Studio Eye
Furniture: MOROSO

Marc Thorpe Design developed a prototype house made from earth bricks, to house the makers of Moroso's M'Afrique furniture collection. The Dakar Houses are planned for a site on the outskirts of the capital of Senegal. Thorpe hopes to support this local industry by building a small community of Dakar Houses. Each building consists of three units – two apartments and a studio in between.

Marc Thorpe Design ha desarrollado un prototipo de casa construida con ladrillos de tierra para alojar a los fabricantes de la colección de muebles M'Afrique, de Moroso. Las Dakar Houses están planeadas para un lugar a las afueras de la capital de Senegal. Thorpe espera apoyar al sector local construyendo una pequeña comunidad de Dakar Houses. Cada edificio constará de tres viviendas (dos apartamentos con un estudio en medio).

The idea is that a whole family would be able to live and work within each one. "The units are designed to house the workers as well as various parts of the manufacturing process of M'Afrique's furniture, such as the handcraft work of welding and weaving," explained Thorpe.

La idea es que una familia al completo pueda vivir y trabajar en cada una de ellas. "Las viviendas están diseñadas para alojar a los trabajadores y también para llevar a cabo otras tareas dentro del proceso de fabricación de los muebles M'Afrique, como el trabajo artesanal de soldadura y tejido", explica Thorpe.

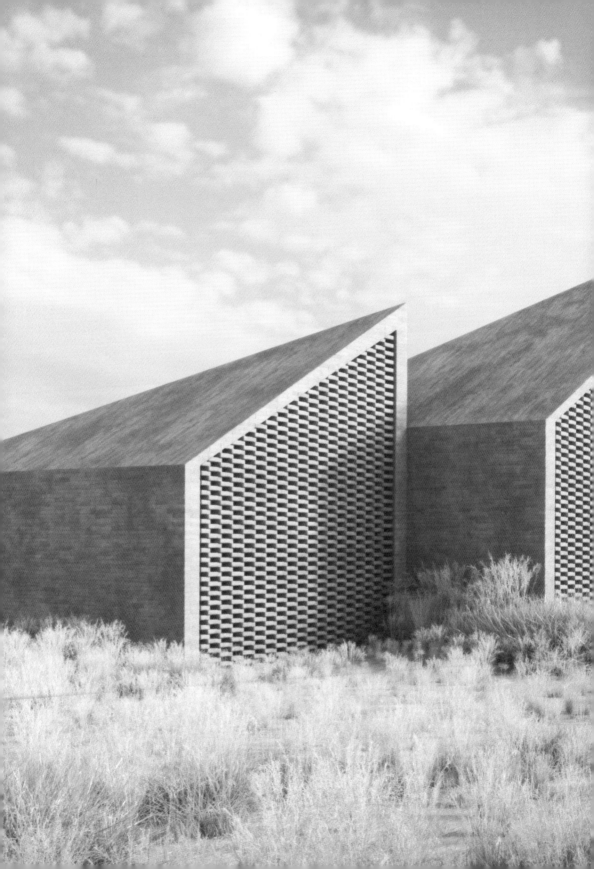

The intention was to create a work-based community, allowing a village to develop around a central economic constituent." The Dakar Houses re characterized by angular, pointed roofs. There re designed to reference traditional patterns found African textiles and paintings.

he walls and roofs of the structures will all be made sing compressed earth bricks. A common material Senegal, earth bricks are made using soil that sourced locally, making them both cheap and nvironmentally friendly to produce. The earth is mply packed into a mold and cured over several eeks. Each morning they are soaked in water, en left to dry through the day beneath a tarp. s isothermal properties allow the brick to retain he cool nighttime temperatures, keeping interior emperatures comfortable throughout the day.

The process of producing earth blocks dates back to ver 5,000 years ago," Thorpe states. "The blocks re produced directly from the red soil of Senegal, hich reduces the need for importing building naterials and zero CO2 emissions in its production."

"La intención era crear una comunidad basada en el trabajo que permitiera el desarrollo del pueblo a partir de un actor económico principal". Las Dakar Houses se caracterizan por sus tejados angulares y puntiagudos, diseñados de esta forma en homenaje a los patrones tradicionales típicos de los cuadros y textiles africanos.

Las paredes y los tejados de las estructuras se construirán con ladrillos de tierra comprimida, un material común en Senegal que se fabrica con suelo local, lo cual hace que su producción resulte asequible y respetuosa con el medio ambiente. La tierra se introduce en un molde y se deja reposar varias semanas. Todas las mañanas se mete en agua, y luego se deja secar durante el día bajo una lona. Sus propiedades isotérmicas le permiten al ladrillo retener el frescor de la noche, manteniendo las temperaturas interiores en niveles agradables durante el día.

"El proceso de producción de los bloques de tierra data de hace más de 5000 años", explica Thorpe. "Los bloques se producen directamente a partir del suelo rojo de Senegal, disminuyendo con ello la necesidad de importar materiales de construcción, y evitando emisiones de CO2 durante el proceso de producción".

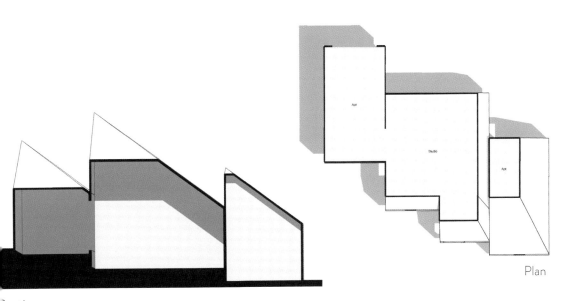

Plan

Section

For more than 10 years, Italian furniture brand Moroso has been promoting the craft skills of the Dakar region through its M'Afrique furniture collection. The range features designs by the like of Patricia Urquiola, Tord Boontje and Sebastian Herkner as well as Thorpe himself, all handmade by Senegalese craftsmen.

Featured furniture design with Moroso M'Afrique by Marc Thorpe include Husk, Baobab and Daytrip Collections. All the works have been designed in built in Dakar Senegal.

La marca italiana de muebles Moroso lleva más de 10 años promoviendo la artesanía de la región de Dakar gracias a su colección M'Afrique, con diseños de Patricia Urquiola, Tord Boontje, Sebastian Herkner o el propio Thorpe, todos ellos fabricados a mano por artesanos senegaleses.

Los muebles diseñados fruto de la colaboración entre M'Afrique de Moroso y Marc Thorpe incluyen las colecciones Husk, Baobab y Daytrip, todas ellas diseñadas y fabricadas en Dakar, Senegal.

EDIFICE UPSTATE

Location: West Catskills, New York, USA
Surface area: 2000 sqft
Visuals by Truetopia

Edifice Upstate is a Design & Build agency in the West Catskills focused on the design and development of affordable ecologically sustainable homes founded by Marc Thorpe Design in partnership with local builders and sustainable technology companies. The intention behind EU is to provide a turn key solution in owning an affordable contemporary home with integrated sustainable technology.

Edifice Upstate es una agencia de diseño y construcción situada en las montañas de Catskill occidentales y especializada en el diseño y el desarrollo de viviendas asequibles y sostenibles desde el punto de vista medioambiental. La agencia fue fundada por Marc Thorpe Design en colaboración con constructoras de la zona y empresas de tecnología sostenible con el objetivo de ofrecer viviendas contemporáneas en propiedad a precios asequibles y con una tecnología sostenible integrada.

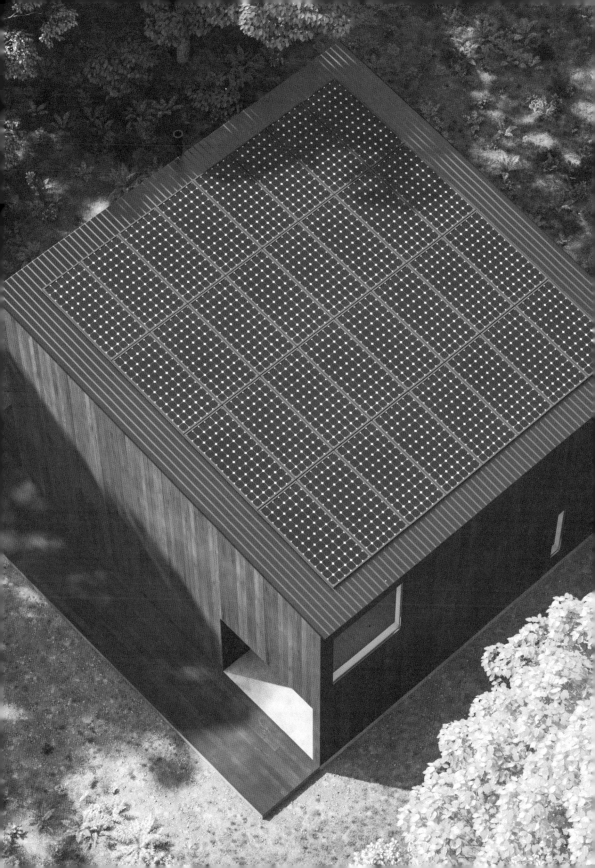

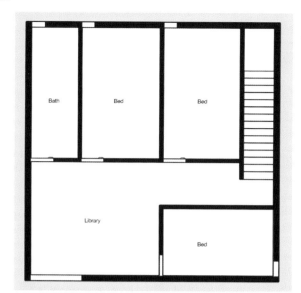

Ground level

The houses of Edifice Upstate are all wood frame construction built on a single monolithic concrete slab. Each house uses the highest-grade stone mineral wool insulation, triple panel glass windows, drilled water well and powered 100% by the sun.

House II is our largest home of 2000 sqft including, Living, Dining, Kitchen, 2 Baths, 3 Bedrooms, Utility, Study and Terrace. The house is powered by the Solaria PowerXT solar panels to achieve higher efficiency over conventional panels, giving us 20% more power than traditional panels and eliminate common failure points, devoting more of the surface to producing power, making them one of the highest power solar panels available in the world.

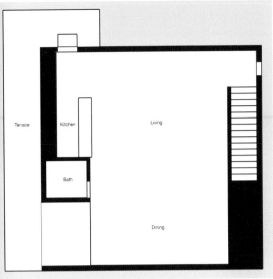

Second level

Las casas de Edifice Upstate constan de un armazón de madera construido sobre una única losa monolítica de hormigón. Cada vivienda está dotada de la mejor lana mineral de roca para un aislamiento eficaz, triples ventanas y un pozo de perforación, además de funcionar íntegramente con energía solar.

House II es la vivienda más extensa de todas, con una superficie de 185 metros cuadrados distribuidos en salón, comedor, cocina, dos baños, tres dormitorios, cuarto de suministros, estudio y terraza. La casa funciona con paneles solares Solaria PowerXT, que son más eficientes que los tradicionales, puesto que generan un 20% más de electricidad y no presentan los errores de funcionamiento más comunes. Es más, el hecho de dedicar una parte mayor de la superficie a la generación eléctrica los convierte en unos de los mejores paneles solares del mundo.

We believe that we need to take responsibility for our energy consumption by taking control of our own power. Tomorrow will be less so we focus on quality not quantity. Our goal is to build a future systemically integrated with nature for ourselves, our children and future generations.

Creemos que debemos responsabilizarnos de nuestro consumo energético asumiendo el control de nuestra propia electricidad. El futuro pasa por la reducción, así que tenemos que centrarnos en la calidad, no en la cantidad. Nuestro objetivo es construir un futuro completamente integrado con la naturaleza para nosotros mismos, nuestros hijos y las generaciones futuras.

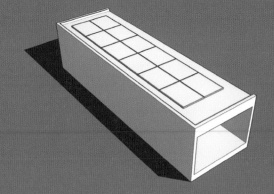

Cabin

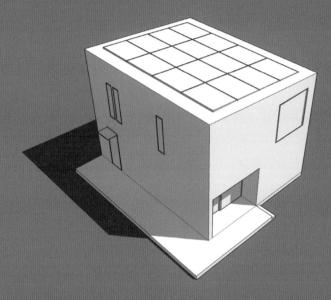

House I

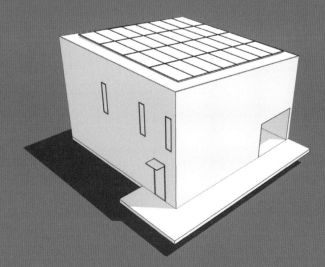

House II

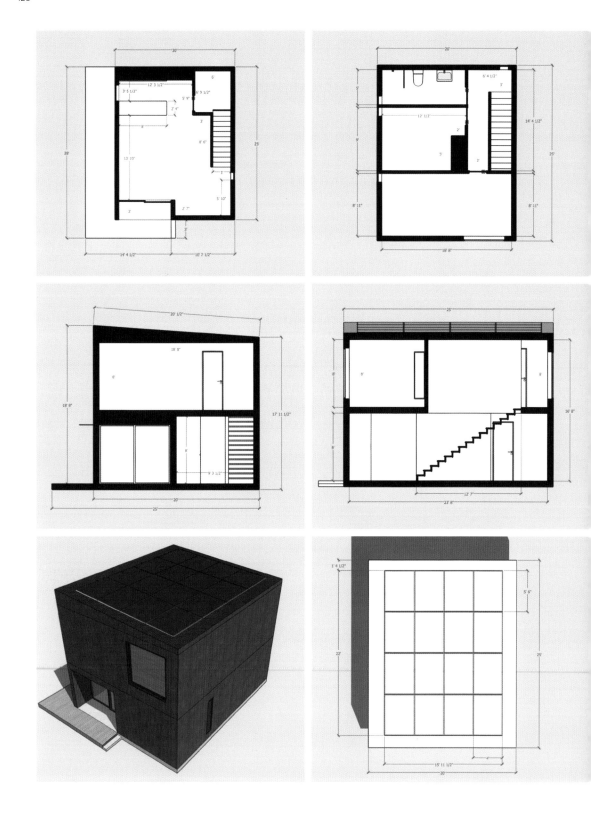

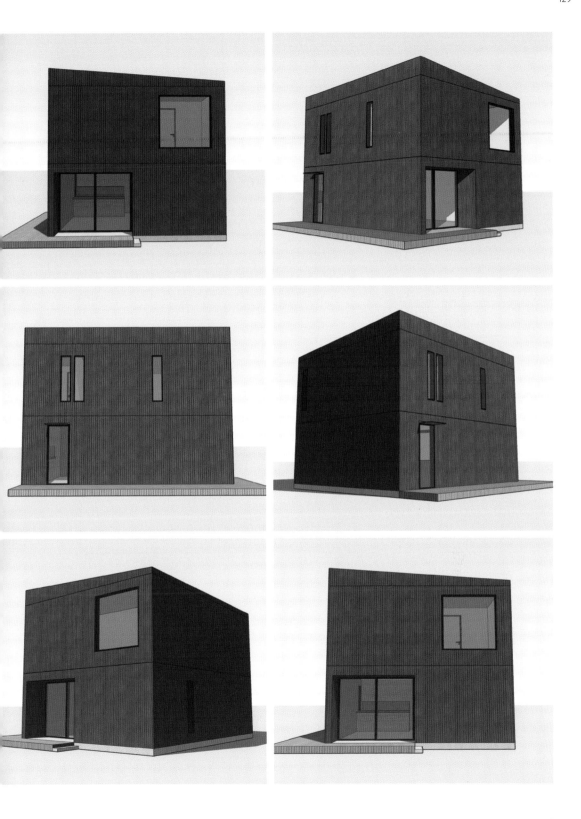

CITIZENS of EARTH

Location: Marfa, Texas, USA
Surface area: 2000 sqft
Visuals by Truetopia

Citizens of Earth is an installation proposed for the city of Marfa Texas. The location for the project would be positioned approximately 20 miles outside of Marfa on the border of Mexico and the United States. Famous for its arts and humanities, artworks and large-scale installations from Don Judd, Dan Flavin, Elmgreen & Dragset, Jeff Elrod, John Wesley, Robert Irwin, Charline von Heyl and many more are found within and around this desert community of 1.700 residents.

Citizens of Earth es una instalación pensada para construirse en Marfa, Texas, a unos 30 kilómetros del centro, en la frontera entre México y Estados Unidos. Famosa por sus obras de arte y sus humanidades, esta localidad del desierto, con una población de 1700 habitantes, cuenta con grandes instalaciones dedicadas a Don Judd, Dan Flavin, Elmgreen & Dragset, Jeff Elrod, John Wesley, Robert Irwin, Charline von Heyl, etc.

The intention of the project is to question the value of international borders within the context of the 21st century. The socio-political rationalization for borders drawn on the earth have proven throughout history to be problematic. War, poverty, famine, disease, political and economic instability, terrorism, environmental degradation, racism, genocide and much more are all byproducts of the ceaseless reinforcement of borders.

Currently, countries, societies, and communities are becoming increasingly polarized. The military strategy of divide and conquer is being implemented around the globe by governments, corporations and the media in an attempt to separate us by stressing our differences. Feeding on division, insecurity and fear pushing us further into isolated corners of apathy and indifference towards our neighbor. So the question becomes, what if there were no more borders? What would it take for mankind to shift from me to we? What if we all understood ourselves as citizens of earth working towards a common purpose? What would our new unified purpose be?

In his address to the United Nations General Assembly in 1987, President Ronald Reagan states "I occasionally think how quickly our differences worldwide would vanish if we were facing an alien threat from outside of this world." Twenty-seven years later, in 2014 President Bill Clinton spoke of the possible existence of alien species out there in the ever-expanding universe. He finished the interview with a statement, "It may be the only way to unite this increasingly divided world of ours," he said. And by "it" he meant an alien invasion from space.

La intención del proyecto es cuestionar el valor de las fronteras internacionales en el siglo XXI, puesto que, a lo largo de la historia, su racionalización socio-política ha demostrado ser problemática. Guerras, pobreza, hambrunas, enfermedades, inestabilidad política y económica, terrorismo, degradación medioambiental, racismo, genocidios...; estas son solo algunas de las consecuencias del constante refuerzo de las fronteras.

Hoy en día, los países, las sociedades y la ciudadanía están cada vez más polarizados. Los gobiernos, las grandes empresas y los medios de comunicación de todo el mundo utilizan la estrategia militar del "divide y vencerás" para intentar separarnos poniendo de relieve nuestras diferencias, alimentados por la división, la inseguridad y el miedo, que nos aíslan cada vez más en nuestro rincón de apatía e indiferencia hacia el vecino. Ahora bien, ¿qué sucedería si no hubiera más fronteras? ¿Qué necesita el ser humano para pasar del "yo" al "nosotros"? ¿Y si todos nos considerásemos ciudadanos del mundo con un objetivo común? ¿Cuál sería ese objetivo?

En su discurso ante la Asamblea General de las Naciones Unidas en 1987, el presidente Ronald Reagan manifestó: "A veces pienso en lo rápido que desaparecerían nuestras diferencias si nos llegara una amenaza extraterrestre". Y 27 años después, en 2014, el presidente Bill Clinton habló de la posible existencia de especies alienígenas en este universo en constante expansión, concluyendo la entrevista con la siguiente frase: "Igual esa es la única forma de unir a este mundo cada vez más dividido", refiriéndose a esa supuesta invasión extraterrestre desde el espacio.

The installation for the desert of Marfa would be a polished steel disc that appears to hover in the desert, gently reflecting the surrounding border of the United States and Mexico.

At times the disc appears to vanish depending on the time of day and lighting conditions seamlessly assimilating into the landscape blurring the distinction between light and dark, solid and void, sky and earth, United States and Mexico.

La instalación para el desierto de Marfa consistirá en un disco de acero pulido que parece sobrevolar el desierto, reflejando sutilmente la frontera entre Estados Unidos y México.

Según la hora del día y la luz, puede parecer que el disco desaparece, fusionándose grácilmente con el paisaje y difuminando la frontera entre luz y oscuridad, solidez y vacío, cielo y tierra, y en último término, Estados Unidos y México.

Its form is reminiscent of the flying saucer typology, first reported in 1947 in the US. Figuratively and literally, the disc reflects our existence on this planet. It suggests that if we are not alone in the universe that we must represent ourselves as one united civilization. If the properties that govern the universe are borderless we must begin to evolve our understanding of ourselves within its architecture. A new perspective on borders would be in an effort to secure the future of humanity on earth and beyond. The disc stands a symbol of our humanity as citizens of earth.

Su forma recuerda a la de los platillos volantes, observados por primera vez en Estados Unidos en 1947. Figurada y literalmente, el disco refleja nuestra existencia en este planeta, sugiriendo que si no estamos solos en el universo, entonces tenemos que presentarnos como una civilización unida. Si las propiedades por las que se rige el cosmos no tienen fronteras, tenemos que empezar a hacer evolucionar el concepto que tenemos de nosotros mismos dentro de su arquitectura. Adoptando una nueva perspectiva respecto a las fronteras podremos garantizar el futuro del ser humano en la Tierra y más allá. El disco se erige en símbolo de nuestra humanidad como ciudadanos de este planeta.

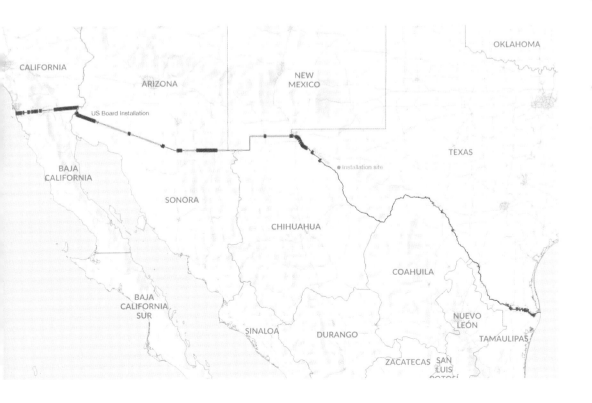

About the architect

Marc Thorpe earned a Bachelors Degree in Industrial Design from the University of Maryland, followed in by a Masters Degree in Architecture, with Honors, from Parsons School of Design in New York. Thorpe was awarded the Scholastic Award for Scholarly Pursuit by the American Institute of Architects and the American Architectural Foundation and received the Alpha Rho Chi medal for architectural leadership and professional excellence. He was awarded the Good Design Award and the American Architecture Award by The Chicago Athenaeum Museum of Architecture and Design and Metropolitan Arts.

In 2010, Thorpe established New York-based Marc Thorpe Design, as an architectural and design studio. He has worked extensively in Europe, Asia and the US as an architect and designer, and continues to collaborate on projects with a wide range of partners. He has taught in the Architecture Department at Parsons School of Design and the Industrial Design Department of Pratt Institute in New York City.

Thorpe has been published internationally in design journals and texts including Wallpaper*, Elle Décor, Architectural Digest, Viewpoint, Surface, Interni, Frame, Domus and Interior Design to name a few. Thorpe was selected for inclusion in the text Ultimate New York Design, highlighting 50 of New York City's top design talents and is one of the youngest signature designers for Italian design house Moroso. He was selected as the feature cover story for international design magazine Intramuros. His firm, Marc Thorpe Design (MTD) has worked with leading international brands including LVMH, Mercedes Benz, Under Armour, Stella Artois, Saatchi & Saatchi, Hearst, Cappellini, Tod's, Acura, David Yurman, L'Oreal, Esquire, Moroso, Venini, Casamania, Davidoff, Infiniti and many more.

Marc Thorpe obtuvo la licenciatura de Diseño Industrial en la Universidad de Maryland, seguido de un Master con honores en Arquitectura, en la Escuela de Diseño Parsons de Nueva York. Thorpe recibió el Scholastic Award for Scholarly Pursuit del American Institute of Architects, y la American Architectural Foundation, también recibió la medalla Alpha Rho Chi por su liderazgo arquitectónico y excelencia profesional. Fue galardonado con el Good Design Award y el American Architecture Award por The Chicago Athenaeum Museum of Architecture and Design and Metropolitan Arts.

En 2010, Thorpe estableció "Marc Thorpe Design", con sede en Nueva York, como un estudio de arquitectura y diseño. Ha trabajado en Europa, Asia y los EE. UU. como arquitecto y diseñador, y continúa colaborando en proyectos con una amplia gama de socios. Ha trabajado como profesor en el Departamento de Arquitectura de la Escuela de Diseño Parsons y en el Departamento de Diseño Industrial del Instituto Pratt en la ciudad de Nueva York.

Thorpe ha sido publicado internacionalmente en revistas y textos de diseño, incluidos Wallpaper*, Elle Décor, Architectural Digest, Viewpoint, Surface, Interni, Frame, Domus e Interior Design, por nombrar algunos. Thorpe fue seleccionado para su inclusión en el texto Ultimate New York Design, que destaca a los 50 de mejores talentos del diseño de la ciudad de Nueva York y es uno de los diseñadores más jóvenes de la casa de diseño italiana Moroso. Fue seleccionado como portada de la revista internacional de diseño Intramuros. Su firma, Marc Thorpe Design (MTD), ha trabajado con marcas internacionales líderes como LVMH, Mercedes Benz, Under Armour, Stella Artois, Saatchi & Saatchi, Hearst, Cappellini, Tod's, Acura, David Yurman, L'Oreal, Esquire, Moroso, Venini, Casamania, Davidoff, Infiniti y muchos más.

Marc Thorpe Design

Marc Thorpe Design was founded in 2010 by architect and industrial designer Marc Thorpe. Thorpe is known internationally for his innovative and dynamic work, taking a rigorous approach to the integration of architecture, design and hand craftsmanship. The studio conceptualizes design while embracing process and has the resources to produce consistent communication platforms. These include architecture, interior design, graphic design, furniture design, product design, retail and exhibit design.

The studio designs relationships. The focus of Marc Thorpe Design is in the systemic intersections a project presents. In order to discover a project's potential, the studio works closely with clients and collaborators to foster new ideas, establish common vision and innovative strategies of approach to nurture the design process. The results are design solutions with the highest degree of precision, quality and character.

The studio offers itself as an open system of exchange. Thorpe has dedicated the studio to the research, professional practice and education of systems thinking through the discipline of architecture and design. Thorpe states, "We believe in a holistic design approach, which engages the social components of space and form."

marcthorpedesign.com

Special Acknowledgments:

Abdou Salam Gaye, Chantal Hamaide, Claire Pijoulat,
Claudia Demonte, David Lewis, Echale, Fabio Fabiano,
Francesca Poisson, Giulio Cappellini, Gregory Chiaramonte,
Jacob Bek, James Thorpe, Jerry Helling, Joe Doucet, Luca Nichetto,
Mauro Lipparini, Odile Hainaut, Patrizia Moroso,
Spencer Bailey, Stage Six, Truetopia, Vladimir Kagan.

Marc Thorpe Design fue fundada en 2010 por el arquitecto y diseñador industrial Marc Thorpe. Él es conocido internacionalmente por su trabajo innovador y dinámico, adoptando un enfoque riguroso para la integración de la arquitectura, el diseño y la artesanía. El estudio conceptualiza el diseño mientras adopta el proceso, y tiene los recursos para producir plataformas de comunicación consistentes. Estos incluyen arquitectura, diseño de interiores, diseño gráfico, diseño de muebles, diseño de productos, comercio minorista y diseño de exhibiciones.

El estudio diseña relaciones. El enfoque de Marc Thorpe Design está en las intersecciones sistémicas que presenta un proyecto. Para descubrir el potencial de un proyecto, el estudio trabaja en estrecha colaboración con clientes y colaboradores para fomentar nuevas ideas, establecer una visión común y estrategias innovadoras de enfoque para nutrir el proceso de diseño. Los resultados son soluciones de diseño con el más alto grado de precisión, calidad y carácter.

El estudio se ofrece como un sistema abierto de intercambio. Thorpe ha dedicado el estudio a la investigación, la práctica profesional y la educación del pensamiento sistémico a través de la disciplina de la arquitectura y el diseño. Thorpe afirma: "Creemos en un enfoque de diseño holístico, que involucra los componentes sociales del espacio y la forma".

marcthorpedesign.com

A special thank you to Claire for all your support.